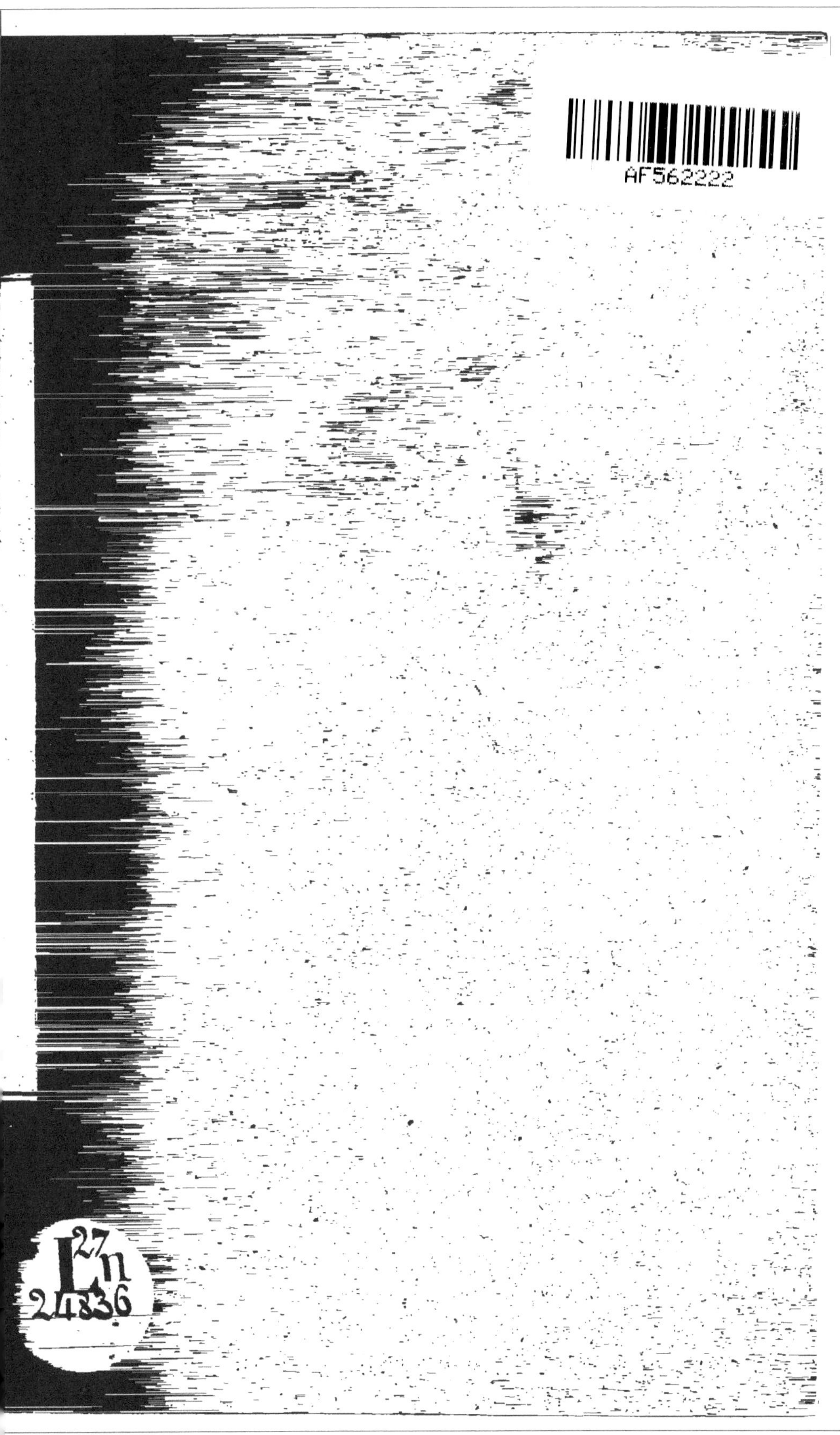
AF562222
Ln27
24836

ACADÉMIE DES JEUX FLORAUX

ÉLOGE

DE

M. LE VICOMTE DE LAPASSE;

PAR

LE COMTE FERNAND DE RESSÉGUIER.

TOULOUSE,
IMPRIMERIE DOULADOURE;
ROUGET FRÈRES ET DELAHAUT, SUCCESSEURS,
Rue Saint-Rome, 39.

1869.

ÉLOGE

DE

M. LE VICOMTE DE LAPASSE.

Messieurs,

Le Panthéon que notre Académie élève à la mémoire des hommes qui s'associent à ses travaux n'a pas la prétention d'imposer à la postérité des reconnaissances éternelles. — Elle aime à proportionner ses éloges à l'importance de ceux qu'elle honore et elle sait qu'on a, de nos jours, beaucoup abusé des panégyriques. — Si nous devions, en effet, prendre au sérieux les apothéoses modernes, il semblerait que les grands hommes ont cessé d'être rares. Les honneurs du marbre ou du bronze, réservés jadis aux demi-dieux, sont prodigués autour de nous, et à en croire les statues qui se dressent sur nos places publiques et sous les portiques de nos monuments, nous vivrions dans un temps fertile en grands citoyens, qui n'auront du moins pas à se plaindre d'avoir rencontré d'ingrats contemporains. Je ne sais ce que nos neveux diront de ces complaisances monumentales. La postérité viendra un jour discuter les titres de gloire de ces favoris de la fortune, et Dieu veuille que les grands hommes de la veille ne redeviennent point, lors de ce jugement suprême, les inconnus du lendemain.

Pour nous, pareille mésaventure n'est point à redouter. Appelé à vous parler aujourd'hui non d'un homme célèbre mais d'un homme que nous avons tous aimé, nous gravirons des hauteurs moyennes et serons, par conséquent, à l'abri du vertige. Ne recherchant point la taille héroïque, nous ne serons nullement tentés d'abaisser arbitrairement le niveau de la gloire, et il nous suffira de louer avec piété celui qui n'eut d'autre ambition que de bien faire, pour justifier l'estime profonde que vous lui aviez vouée, pour légitimer les distinctions honorifiques qu'il reçut au milieu de nous et pour donner satisfaction à nos justes regrets !

C'est d'ailleurs un portrait attachant que celui de M. le vicomte de Lapasse. Cette figure a les contours nets et parfaitement arrêtés. Sa silhouette morale se détache sur le fond de la scène qu'il a occupée, comme se dessinait dans notre ville, avec son costume particulier et ses modes personnelles, sa silhouette physique. Il suffisait de l'avoir rencontré une seule fois pour ne le jamais oublier ; car il sortait de la foule, se distinguait non-seulement par l'urbanité de ses manières, la générosité de son cœur, sa sérénité souriante, les connaissances variées de son esprit, la multiplicité de ses travaux et de ses expériences, mais de plus par une qualité native que l'effacement des caractères a rendu de nos jours plus rare : l'originalité. Don singulier, apanage réservé aux natures fortes, qui les marque d'un coin spécial et qui leur donne comme la saveur d'un crû particulier.

L'éducation moderne, sans doute, tend de plus en plus à façonner les hommes dans le même moule. Elle n'est pas cependant uniquement responsable de l'uniformité des types et du peu de saillie des caractères. La centralisation, la discipline administrative, la disparition presque complète de la vie du grand monde et de l'influence des salons, enfin la destruction systématique des institutions sociales y ont également beaucoup contribué (1). « Depuis que la foule anonyme, qui, jadis, formait le chœur, est devenue le personnage principal du Drame, les premiers rôles disparaissent », et l'on dira de notre temps une chose qui pourra paraître étrange, et qui est logique cependant, c'est que le siècle, qui a sinon donné naissance, du moins développé outre mesure l'individualisme, a tué l'individualité.

M. de Lapasse était donc un des représentants plein de relief de ce monde d'autrefois, où abondaient les modèles et les peintres. On eut été moins étonné de le rencontrer il y a cent ans dans les salons du XVIIIe siècle, entre M. de Puységur et M. de St.-Germain, en pleine époque de mesmerisme et de chimériques aventures, que de le voir égaré dans notre siècle positif. Par ses récits animés, par sa causerie anecdotique, par ses goûts sociaux, en un mot par toutes les qualités de l'homme du monde, il se rattachait à un type qui tend à disparaître, et cependant, par bien des côtés, il était de son siècle et en portait l'empreinte; son culte pour les sciences exactes et pour l'expérimentation donnait à sa physionomie un tour moderne, comme aussi par son attachement à ses convictions politiques il était l'homme fidèle que tous

(1) Voyez le Correspondant du 10 Août 1868. « M. Guizot biographe, » par M. de Lavergne.

les temps doivent estimer, car pour l'honneur de l'humanité, je veux le croire, ce type ne s'en ira jamais !

Louis-Charles-Edouard de Lapasse naquit à Toulouse le 21 janvier 1792, à l'heure où la Révolution marquait l'agonie de la royauté. Naître à ce moment semblait plus facile que vivre, et cependant naître, c'est-à-dire commencer, se livrer à toutes les espérances et à toutes les joies qui accompagnent l'aurore, semblait en désaccord profond avec les sombres tableaux de ruine et de destruction qui accompagnaient la terreur. Les angoisses et les difficultés assiégeaient le foyer paternel, et les sourires de l'enfant inconscient de sa destinée durent souvent rencontrer les larmes et les appréhensions de ceux qui entouraient son berceau.

La famille de Lapasse comptait parmi les meilleures de nos contrées. L'illustration qu'elle s'était acquise au sein de nos provinces méridionales, et en particulier à la Cour des comtes de Foix, était éminemment chevaleresque. Les Lapasse, originaires d'Espagne, avaient été depuis l'an 1090 les vassaux et les compagnons de cette noble famille de Foix, dont la vaillance a laissé, dans nos contrées, tant de souvenirs et dont la Cour formait au moyen-âge, avec celle des comtes de Toulouse et des vicomtes de Béarn, les centres de tout le mouvement politique et social de notre Midi. Les croisades, la guerre des Albigeois et l'occupation de la Guienne par les Anglais, ces trois aspects de notre vie locale au moyen-âge, de même que les descentes guerrières accomplies en Italie et en Espagne, nous montrent les Lapasse toujours au premier rang, défendant par l'épée sur les champs de bataille, ou par la parole dans les conseils les intérêts de leur souverain. On les rencontre aux batailles de Ravenne, de Pavie, de Cerisoles. Ils sont tantôt en Aragon ou à Tunis, tantôt en Terre-Sainte ou en Flandres et partout, fidèles à une invariable tradition, ils vivent et meurent au service de la maison de Foix. Et plus tard, lorsque ce pays revint à la couronne et que par voie d'héritage successif Foix, Béarn et Navarre se fondirent dans l'unité française, les Lapasse restèrent au pays natal et les différentes branches de leur maison témoignèrent d'un attachement remarquable pour la province qui fut leur berceau.

Mais à l'heure où de cette vieille tige sortait ce jeune rejeton, tout ce brillant passé n'était qu'un souvenir et qu'un contraste. Le seul privilège qui semblait incontesté était celui du danger que faisait courir à ses parents le nom qu'on venait de lui transmettre, et cachés dans un des faubourgs de notre ville, M. et Mme de Lapasse n'échappaient qu'avec peine aux recherches du comité révolutionnaire.

La vie de cet enfant commença donc à l'école du malheur, et l'on dit que pour adoucir les rigueurs du sort, on eût pour lui, dans son enfance, quelques-unes des complaisances qu'on reproche aux parents aveugles. Au fond, on ne le gâta point; on n'affaiblit en rien ce ressort du dévouement désintéressé, que nous retrouverons plus tard en lui et qui donna tant de charme et de bienveillance à son caractère. Tout au contraire, sa mère, qu'il entoura jusqu'à son dernier jour d'une affection si touchante, récolta le fruit de la tendresse qu'elle avait semée, et il se souvint toute sa vie des deux vérités utiles qu'elle lui avait apprises, la première, c'est qu'elle attendait de lui quelque chose de bon; la seconde, c'est qu'il devait surtout compter sur ses propres forces pour le réaliser.

Aussi soit au lycée de Bordeaux, où il fit ses études, soit à l'Ecole de droit de Toulouse, où il prit ses degrés, nous le voyons impatient d'entrer en scène et il ne lui manque rien, ni de l'audace qui favorise le succès, ni de la sagacité qui le prépare. Sa nature méridionale avait puisé dans le terroir cette confiance en soi, cette vigueur exhubérante qu'on nous reproche ou qu'on nous envie, et dès le départ, il mit le pied à l'étrier avec l'assurance d'un cavalier solide. En ce temps-là, d'ailleurs, les jeunes gens étaient jeunes. Ils étaient impétueux et inexpérimentés, comme on le sera toujours à vingt ans, mais ils avaient en outre une sève et un enthousiasme viril pour les belles choses que le luxe, le raffinement des mœurs et l'oisiveté n'avaient point tari.— Le spectacle des grands événements qui s'étaient accomplis, les métamorphoses que la Révolution avait amenées, le rôle héroïque de nos soldats, les infortunes douloureuses de nos princes et de notre noblesse, les épreuves de l'émigration, la rentrée dans cette France qu'on avait laissée dans le sang, qu'on retrouvait glorieuse et qu'on allait bientôt recevoir, amoindrie et ruinée des mains mêmes qui ne l'avaient arrachée à l'anarchie que pour la soumettre à un dur despotisme tous ces contrastes et toutes ces alternatives donnaient à la génération nouvelle un tour aventureux. On avait vu des choses si inattendues, que rien ne semblait impossible et que l'imprévu était dans les probabilités du lendemain. Napoléon, entouré du prestige légendaire que ses bulletins lui avaient donné, dominait et fascinait ceux-là même qui gardaient au fond de l'âme le souvenir et le culte du passé; il leur offrait les excitations de la guerre et n'amollissait point les âmes. C'est une justice que l'on doit lui rendre; le calme et les loisirs de la paix eussent été plus funestes que cette lutte incessante contre l'Europe, lutte qui moissonna tant d'hommes, mais qui laissait du moins aux survivants l'habitude des grandes entreprises, du dévouement, du sacrifice, et qui les tenait prêts à compter pour rien leur vie ou leur fortune. — Aussi à l'heure où le colosse tomba, tous ces ressorts se retrouvèrent encore et aidèrent le pays à réparer les désastres, à payer les dettes et à adoucir ou venger les amertumes qui furent, en définitive, en 1815, l'héritage le plus clair de ce règne gigantesque mais dévoyé.

M. de Lapasse touchait alors à sa vingtième année. Il était instruit et bien élevé. Les langues mortes lui étaient familières. Comme beaucoup d'hommes de notre ville et de cette génération, il aimait les lettres et s'occupait de poésie. On appelait cela, dans le style d'alors, « sacrifier aux muses », et je retrouve dans les volumineux papiers qu'il a laissés, conservés avec soin, copiés avec ordre et attachés par une faveur bleue légèrement fanée, des cahiers de poésie qui nous prouvent le prix que l'auteur attachait à ces compositions. Par le fond et par la forme cependant, ces poëmes sont fanés eux aussi. Ils exhalent un parfum contemporain des années qui précédèrent le renouvellement des lettres sous la Restauration. Je n'en parle que pour constater que M. de Lapasse se sentait déjà prédestiné au fauteuil que 50 ans plus tard l'Académie des Jeux Floraux devait lui accorder et pour faire remarquer que, plus heureux que plusieurs d'entre nous, il faisait des vers et qu'il devait, par conséquent, égaler notre compétence à les juger.

Gai et liant, il s'élança de bonne heure et un peu bruyamment dans la vie, et cependant il était prédisposé à l'étude des sciences exactes, car il fréquentait les hommes spéciaux. Ses goûts n'étaient point encore si nettement accusés qu'il se connût parfaitement lui-même et que son but fût devant lui. Ses allures trahis-

*

saient encore des influences intimes et contraires et il courait des bordées comme le font les navires qui sortent du port et qui n'ont point encore trouvé le vent du large. Ce fut sans doute dans un de ces moments d'effervescence juvénile où il méconnaissait ses véritables aptitudes, qu'il rêva de gloire militaire et qu'il essaya le métier des armes. C'était en 1814, au retour des Bourbons. M. de Lapasse comprit promptement cependant qu'à cette époque, après tous les malheurs accumulés par la guerre, le champ fécond à exploiter était celui des travaux pacifiques et des études sérieuses, aussi peu de temps après, le vit-on abandonner les chevau-légers du roi dans lesquels il était entré, et solliciter un emploi dans la diplomatie.

Allié par sa mère, Mlle de Cardaillac, à la famille du marquis d'Osmond, qui représentait le roi à Londres, il fut admis à faire partie de son ambassade et commença dès ce moment cette vie errante et laborieuse qui dura jusqu'en 1830. — Le voilà donc de plein pied au service de son pays, contribuant dans la mesure de ses forces et de ses talents à faire prévaloir une politique sincèrement nationale et mêlé à ce mouvement réparateur qui fut l'œuvre de la Restauration.

Quelques années suffirent et la France reprit cette prépondérance européenne à laquelle elle avait droit, et cela sans autres moyens que les seuls qui puissent lui convenir, la liberté au dedans et la dignité au dehors. Associé aux travaux pacifiques des négociateurs du Congrès d'Aix-la-Chapelle, sous la direction du duc de Richelieu, M. de Lapasse fut initié aux travaux les plus importants de la diplomatie. Ce fut dans le commerce des hommes éminents qui veillaient sur nos destinées qu'il fit ses études politiques, et l'avancement rapide qui marqua ses débuts nous le montre ne négligeant rien pour se rendre utile et développant les heureuses facultés dont il était doué. Durant son séjour à Hanovre, il représente la France pour la première fois en qualité de chargé d'affaires et il donne la mesure de son jugement et de son initiative personnelle, deux qualités qui étaient nécessaires à une époque où n'existait point encore le télégraphe électrique et où les affaires ne passaient point par dessus la tête des diplomates. Bien que le mouvement de cette petite Cour fût restreint, l'application du principe traditionnel de notre politique extérieure qui se résumait dans la protection accordée aux Etats secondaires pour contrebalancer l'influence des puissances rivales, ne laissait pas que d'offrir des cas difficiles. M. de Lapasse réussit dans cette tâche et déjà ses succès lui promettaient un brillant avenir, lorsqu'une heureuse circonstance, son mariage avec Mlle de Lagarde, riche héritière d'une famille justement estimée, vint encore fortifier sa position et le recommander à la bienveillante du roi.

Le poste de Berne était vacant. Il y fut envoyé, et là sa maison devient bientôt le centre et le refuge de la société Suisse, car pour lui la diplomatie n'était point seulement l'étude assidue des questions internationales et la protection des intérêts en souffrance, c'était aussi l'apostolat journalier de l'influence française, pratiqué à l'aide du charme de la vie sociale. Son salon lui servait autant que son cabinet de travail, et il aimait à continuer le soir l'œuvre du matin dans des entretiens brillants ou dans des réunions élégantes qu'il provoquait sans cesse. Malheureusement cette veine, si bien ouverte, fut de courte durée. Deux ans s'étaient à peine écoulés, que M. de Lapasse fut frappé dans ses plus chères affections. Sa jeune femme succomba en donnant le jour à son premier enfant. Douloureuse et première épreuve ! qui vint mettre le deuil et l'isolement là où la veille encore était la joie et la famille et qui exerça sur la vie et sur l'avenir de notre confrère une influence que nous retrouverons à son dernier jour. Il n'interrompit pas cependant sa carrière ; il demanda seulement, et il l'obtint, la faveur de quitter les lieux témoins de son malheur, et quelques mois après il partait pour Naples, nouveau théâtre assigné à son activité. Il y reprit bientôt toute son énergie. Comme tant d'autres avant lui en ont fait l'expérience, comme tant d'autres la feront encore, la douce Parthénope l'arracha sinon à ses regrets, du moins à ce qu'ils avaient d'amer. — C'est le privilége de l'Italie. — Dans ce pays des sirènes, toute douleur se calme ; les souvenirs de l'antiquité, l'harmonie des lignes du paysage, la transparence des horizons, la douceur du langage, ce qui fut et ce qui est encore, le passé avec son prestige, le présent avec ses séductions, tout endort la douleur, et l'on peut affirmer, sans crainte d'être démenti, que cette terre serait riche et heureuse, si au lieu des constitutions politiques qu'on lui impose, elle pouvait simplement recueillir le prix de toutes les peines qu'elle doit avoir adoucies !

M. de Lapasse multiplia ici ses études. Ramené aux souvenirs classiques de son éducation par l'aspect des lieux qui avaient servi de cadre aux poëmes et à l'histoire de l'antiquité, il donna à ses études une nouvelle virilité. C'est là qu'il devint archéologue, profitant de ses moindres loisirs pour visiter et explorer à fond cette terre des arts et des ruines. C'est là encore qu'il s'occupa pour la première fois de médecine. L'Ecole de Salerne, déchue de sa splendeur, fut pour lui une institutrice autorisée. On le vit rechercher les praticiens célèbres, s'isoler et se recueillir parfois dans des couvents. Demander aux bibliothèques poudreuses des abbayes de la Cava, du Montcassin et de Montréal, les trésors contenus dans leurs chartes; et à l'en croire aussi, ce fut dans ces monastères qu'il recueillit les précieuses et secrètes informations médicales qui servirent plus tard de base au système hygiénique dont il fut l'inventeur.

Ces travaux ne lui faisaient pas cependant négliger son rôle officiel. Sa position à la cour et dans le monde était digne d'envie, et il nous a été personnellement donné, vingt ans après lui, de trouver encore vivantes les traces de son passage dans cette société napolitaine qui doit difficilement garder le souvenir des nombreux étrangers qui la visitent, tandis qu'eux ne la peuvent oublier.

Il y vivait du reste en grand seigneur, recevant noblement ses compatriotes, et s'y faisant volontiers leur hôte et leur appui. C'est là que la Révolution de 1830 le surprit. Il comprit dès le premier jour le devoir que lui imposait sa foi politique, mais il dut rester à son poste, car en présence du nouveau pouvoir proclamé à Paris, la situation particulière de la maison royale de Naples pouvait souffrir d'une retraite précipitée. D'ailleurs en sa qualité de chargé d'affaires de Charles X, M. de Lapasse avait, durant sa mission, exercé une surveillance de confiance sur cette partie de la fortune privée du duc d'Orléans que ce dernier tenait des droits de sa femme Marie Amélie, princesse de Naples. Les comptes qu'il avait à rendre et les informations qu'il avait à transmettre prolongèrent pour lui les rigueurs de la responsabilité et l'appelèrent aux Tuileries. On sait que pour le roi Louis-Philippe, ces questions de patrimoine personnel n'étaient jamais indifférentes. Ce Prince aimait à administrer avec ordre et par lui-même sa grande fortune. Ce fut donc auprès du Roi que M. de Lapasse fut mandé. Il avait y là pour notre futur confrère une occasion facile de nouer des rapports fructueux avec la puissance nouvelle et d'étayer sa carrière croulante sur le terrain des services rendus. Cette porte entr'ouverte pouvait au besoin laisser passer une ambition vulgaire et tenter un homme rompu aux affaires par quatorze années de travail, qui avait prodigué son avoir en toute occasion et quelque peu même escompté son avenir ; mais M. de Lapasse n'était pas de ceux qui se croient nécessaires à la bonne gestion des affaires publiques, et pour lesquels des appointements touchés constituent une garantie d'ordre social. Il sortit de cette épreuve avec un titre de plus à l'estime de ses amis, et il scella son dévouement à la cause qu'il avait servie par un acte de chasteté politique, qui donne la mesure de sa délicatesse et de son intégrité.

A dater de ce jour, nous le trouvons dans cette phalange d'hommes discrets qui devaient jusqu'au terme de leur carrière vivre d'une espérance et rester fidèles à leur drapeau. Armée licenciée pour cause de dévouement, honneur de ce temps-là, qui ne sut point capituler et qui préféra abdiquer toutes les prérogatives enviées, à la condition de conserver intactes celles du devoir. Ainsi dépouillé de cette auréole qui entoure à l'étranger le front des représentants de la puissance nationale, M. de Lapasse dut cependant regretter non son éclat, — car l'exil auquel il nous condamne est une dure compensation, mais cette carrière qui avait été le but constant de ses efforts. — Il perdait, en la quittant, cette unité de direction qui décuple la valeur d'un homme et qui le met à l'abri des entraînements que subit quoi qu'il fasse, un esprit ouvert comme était le sien, aux sollicitations incessantes de l'inconnu. Plus il était doué, plus il avait à se défendre contre ce danger, et il est à croire qu'il ne l'évita pas. On le vit, en effet, se lancer dans toutes les voies qui lui semblaient libres. Associé aux chefs de la cause royaliste, il contribua à la fondation de plusieurs feuilles périodiques Le *Rénovateur*, la *Quotidienne* lui ouvrirent leurs colonnes et chaque jour il était sur la brèche défendant avec talent les intérêts de son parti. On le vit aussi, pris de la fièvre des entreprises d'alors, attiré surtout par l'application des sciences à l'industrie, essayer des combinaisons nouvelles, demander à la chimie et aux calculs leurs procédés et leurs formules, et tenter de résoudre à leur aide des problèmes d'économie sociale ou domestique qui devaient réussir plus tard, mais qui ne furent pour lui que des causes de mécomptes. De toutes ces entreprises, la Banque, l'*Omnium*, modèle de plusieurs de nos sociétés de crédit actuelles qui fit en ce temps-là beaucoup de bruit et à la fondation de laquelle il aida puissamment devait, selon lui, justifier le mieux ces brillantes espérances. M. de Lapasse en parlait souvent avec philosophie, rappelant que cette opération avait été la meilleure de celles qu'il tenta à cette époque, et tout compte fait, à la liquidation de cette entreprise, il réalisa, si je ne me trompe, une perte de 60 p. %. — Mais ces épreuves ne le décourageaient point, car ce n'était pas en vue de la richesse qu'il se mêlait d'affaires. Ce qui le consolait surtout, c'étaient les relations qu'il avait nouées avec les hommes les plus distingués du monde savant et du monde politique. Il fréquentait les plus renommés d'entre eux, partageant les travaux des uns, et les combats des autres, passant du recueillement du laboratoire et des calculs de l'analyse, à la vie agitée et fiévreuse de la presse périodique ou aux causeries élégantes du faubourg Saint-Germain. — Car il touchait à tout, et à tout le monde. — C'étaient ses nombreux parents et alliés, les d'Osmond qui lui ouvraient le salon de Mme la comtesse de Boigne. Là, il retrouvait son voisin et son ami de Languedoc, M. de Rémusat qui devait redire un jour en des pages charmantes, la vie et l'influence de cette femme distinguée. — C'étaient M. Biot et M. Flourens dont il était estimé ; c'étaient MM. de Valmy, de Lourdoneix ou Laurentie donc il était l'ami ; c'était enfin ce grand défenseur des opprimés, cet illustre et incomparable Berryer, que la France vient de perdre, qui alors comme hier, comme dans sa mort elle-même montrait la voie à suivre et resserrait les liens de tous ceux qui souffrent et qui espèrent, attendant le règne du droit et de la liberté.

Cependant, soit que cette vie agitée excédât ce que M. de Lapasse avait en lui de vigueur ou de résistance, soit qu'un désir naturel de revenir au pays natal et de se consacrer à la vieillesse isolée de sa mère lui en imposât le devoir, il rompit un jour violemment avec cette existence ardente. — C'était vers 1842. — Il reprit alors le chemin du midi, et à cette époque aussi il eut la bonne fortune de tomber malade. Le malade en effet, engendra chez lui le médecin, et ce qui eût été un malheur pour un autre, devint pour lui une source de consolation et la cause d'une transformation caractéristique qui va ajouter à sa physionomie un trait nouveau.

Il était si fort prédisposé à l'étude de la médecine, qu'en peu de temps il acquit des connaissances qui nécessitent d'ordinaire des années de travail. Il se rendit familières des notions exactes sur les mystères arides de l'anatomie et de la physiologie. Il lut tout ce que la science médicale moderne a publié de remarquable, et put soutenir sinon une thèse officielle, du moins un assaut libre, au sortir duquel les meilleurs praticiens de la faculté de Montpellier, lui décernèrent les éloges les plus encourageants. Voulant accorder ces nouvelles études avec les anciennes, il parcourut de nouveau sa chère Sicile et revint de cette campagne scientifique non-seulement guéri, — c'était bien quelque chose, — mais revêtu de plus de ce titre semi officiel de docteur qu'il tint tout le reste de sa vie, de la bienveillance de ses amis, de la reconnaissance de ses malades, et de l'ironie de ceux qui se déclaraient incrédules ou rebelles à sa science.

Cette science était réelle cependant, elle est consignée et déduite tout au long, dans un livre qu'il a publié, que les médecins ont lu, et je ne crois pas que ce volume si élégamment écrit, pensé avec tant d'élévation soit moins éloigné des théories de l'art, que ne le sont la plupart de ceux que la docte faculté publie elle-même. — Ce qui manqua aux doctrines de M. de Lapasse, ce fut la mesure. — Il rêvait de détruire la maladie et de rendre les médecins inutiles, comme on rêve de détruire la mendicité ou de partager également entre tous, les biens de ce monde. Ses doctrines sur la prolongation plus ou moins indéfinie de la vie humaine ont ce caractère, et lorsqu'il vous disait sérieusement que la jeunesse de l'homme dure jusqu'à la soixantaine, et qu'il dépendait de chacun de nous de retrouver les traditions bibliques et de vivre comme Mathusalem, il allait évidemment au delà du but et désarçonnait ses auditeurs. Mais en beaucoup d'endroits il frappait juste, devançait la marche de plus en plus préventive qu'affecte la médecine moderne, et prenait date par la publication de son ouvrage avant M. Flourens. Il avait une tendance à amplifier les meilleures idées, qui se retrouvait en lui en toutes choses. Cette tendance était dans son cœur, dans sa tête et se manifestait jusque dans sa mise,

Elle venait au fond d'un esprit généralisateur qui saisissait dans la science, non pas ce qu'elle donne, mais ce qu'elle laisse entrevoir, non pas le possible mais l'idéal. Ses doctrines les plus imprévues traduisaient un certain don Quichottisme scientifique et il les poussait à l'extrême jusqu'à ces frontières mal définies, où la chimère remplace la réalité et où l'imagination se substitue aux faits indiscutables.

Ainsi, sur la valeur de l'or ses idées étaient pleines de fantaisie. Le métal précieux que le vulgaire considère comme le signe représentatif de la richesse lui apparaissait comme le spécifique de la santé, comme un moyen de réparer les forces épuisées de l'existence humaine, et il conseillait sérieusement à ses malades un elixir merveilleux qu'il distillait avec conscience au grand détriment de ses intérêts. — La chimie, on le voit, touchait ici à l'alchimie! — La couleur de ce métal lui avait également inspiré une théorie qu'il rattachait à l'influence qu'exercent sur les corps les nuances du prisme solaire. A chacune d'elles il attribuait des vertus particulières, négatives pour certaines, positives pour d'autres, fécondantes, morbifères, curatives tour à tour, et passant aussitôt de la spéculation à la pratique il développait tout un enseignement hygiénique sur la nécessité de se vêtir, de se loger, de s'éclairer en se maintenant sous l'empire du rayonnement de la lumière. Ce que ces systèmes chimériques ou réels présentaient de singulier ne l'arrêtait nullement. Le doute qui se manifestait sur le visage de son interlocuteur, lui servait de stimulant, et puisant dans l'énergie de ses convictions et dans les connaissances variées qu'il avait des sciences naturelles, une puissance de démonstration nouvelle, il multiplait ses arguments, forçait à l'attention et parfois à l'indécision ceux-là même qui au debut l'accueillaient par un sourire, car il faut bien le dire, le sourire était toujours permis et il l'autorisait avec une bienveillance qui lui gagnait le cœur de ses contradicteurs les plus incrédules. — Et comme cet homme remarquable avait une incontestable compétence sur une foule de sujets, qui ne deviennent familiers que une longue application, qu'il causait pertinemment des hommes, des choses, des événements qu'il avait traversés, des illustrations qu'il avait fréquentées, des pays qu'il avait parcourus, des expériences qu'il avait faites, on se sentait pris en l'écoutant, et en refléchissant aux doctrines étranges qu'il exposait, à des doutes singuliers, cherchant à découvrir la limite où finissait chez lui l'homme sérieux et où commençait le visionnaire. Il ressemblait en cela aux plus jolies femmes de notre temps, qui enrichissent leur beauté naturelle de mille éléments étrangers, et nous laissent incertains sur le point exact où commence ce qui ne leur appartient pas, et où finit ce qu'elles possèdent en réalité !

L'esquisse que nous essayons de tracer serait cependant bien incomplète, si nous ne pénétrions plus avant dans le fond de son caractère. Les qualités de son esprit étaient rehaussées par celles d'un cœur excellent. — Il était naturellement généreux et dépensait volontiers sa fortune, sa parole et son dévouement. Ce que l'avare redoute le plus d'offrir, c'est lui-même. On dirait que le frottement et le contact l'effraient et lui apparaissent comme une dangereuse occasion de se répandre et de s'user. — M. de Lapasse, recherchait au contraire ces occasions-là. — Il ne s'économisait jamais lui-même, et connaissant l'abondance de la source intérieure à laquelle il puisait, il n'admit jamais que des bienfaits pussent le ruiner. Bien différent en cela des hommes dont les services ne sont qu'à une longue et tardive échéance, son obligeance était à vue. — C'est qu'en vérité cet aimable buveur d'or, était un homme argent comptant.

Personne d'ailleurs ne savait cela mieux que sa clientèle; car plus heureux que beaucoup de médecins en titre, M. de Lapasse avait des malades. Les uns étaient de charmantes jeunes femmes qu'il tenait sous l'empire de ses mystérieuses doctrines et qui lui présentaient à guérir le cortége désolant de leurs migraines, de leurs gastrites et de leurs névralgies. A celles-là, sans doute, après avoir d'un air doctoral tâté le pouls, et s'être aidé à l'approche de la formule d'une prise auxiliatrice dans sa grande tabatière d'or, il ordonnait gravement le bal, le spectacle ou des bonbons. Les autres étaient de pauvres gens abandonnés auxquels, il ne se contentait point de porter seulement l'espérance, mais qu'il soutenait sans cesse par d'abondantes aumônes. — Je vous laisse à penser les doux et précieux honoraires que M. de Lapasse doit avoir ainsi recueillis!

Mais si important que fût à ses yeux l'exercice illégal de cette médecine bienveillante, M. de Lapasse consacrait son temps à mille études diverses. Doué d'une activité que fécondait une facilité d'application et une promptitude de rédaction fort rares, il prenait part aux recherches savantes de la Société archéologique du Midi de la France. Les travaux de la Société d'agriculture étaient encore un champ ouvert à ses investigations; et là, où le côté pratique des choses est avec raison plus exclusivement recherché, M. de Lapasse eut une place d'honneur et devint un instrument utile. Preuve que son jugement et son savoir avaient une fermeté et une base qu'on ne saurait contester.

Comme on le voit, la seconde partie de cette existence manque d'incidents remarquables. Il n'y a plus là, comme au début, une carrière à poursuivre, une ambition à satisfaire, ni même cette inquiétude errante qui pousse tant d'hommes de nos jours à déplacer leur oisiveté et leur ennui ; mais il y avait le travail, et cela seul suffisait à la rendre utile et facile à porter. Cependant quand venaient les chaleurs de l'été, M. de Lapasse s'absentait volontiers. Il allait se retremper dans le nord de la France où il entretenait de nombreuses relations, voir Mme de la Bourdonnaye, sa fille, qu'il avait noblement mariée en Bretagne, traversait Paris, respirait un instant l'air d'Arcachon qui lui était salutaire et revenait à la fin de l'automne reprendre ses quartiers d'hiver à Toulouse. Là, son retour était toujours une fête ! Il rapportait de ses voyages les nouvelles du monde, l'anecdote du jour, le mot du moment, la découverte de la veille, voire même celle du lendemain et enfin la chronique politique, d'autant plus écoutée qu'elle était toujours inédite. Pour mieux inaugurer cette rentrée au foyer de Province, il aimait à lui donner un certain éclat. Alors à ses amis convoqués avec grâce, il offrait un certain jour les primeurs de sa conversation et celles de la saison. Il avait été trop longtemps diplomate pour n'être pas quelque peu atteint du défaut capital dont ses collègues sont généralement accusés. Mais chez lui la gourmandise était encore de la science, depuis surtout qu'il s'occupait d'hygiène. L'alimentation qui est certainement le moyen le plus sûr de se bien porter et dans tous les cas de ne pas mourir de faim, rentrait tout-à-fait dans le domaine de ses études et de sa médecine préventive. Ce n'était pas cependant toujours une alliance incontestablement réussie que celle que contractait dans ses menus ultra-scientifiques l'office et le laboratoire. Mais comment résister à son entrain, et à sa cordialité de maître de maison ? Les docteurs authentiques, ses rivaux, qu'il convoquait à ces agapes fraternelles ne savaient en vérité comment faire pour contredire la science d'un homme, dont le savoir vivre et l'art de bien vivre étaient si manifestes !

Vingt ans et au-delà nous l'avons ainsi connu. Pour lui, le temps semblait immobile. Il est certain qu'il ne vieillissait pas. Il était arrivé d'emblée à un point de maturité fixe qu'il conserva jusqu'à la fin. La fraîche animation de son teint détruisait l'impression que causait une calvitie précoce et les symptômes de l'âge et ceux de la jeunesse se trouvaient réunis sur son visage, comme la naiveté de l'enfant et l'expérience du vieillard se coudoyaient dans sa conversation. Il semblait même que son aspect général fût une partie de son programme, et plaidait en faveur de son système; auprès de ceux-là surtout, qui n'aiment à consulter qu'un médecin bien portant et qui doutent toujours qu'il puisse, malade, leur donner une santé qu'il cherche en vain à conquérir pour lui-même.

Voilà bien des traits réunis, et cependant pour reconstituer dans son intégrité la physionomie de notre modèle, nous devons parler de l'homme politique. En rentrant en Province, M. de Lapasse n'avait nullement abdiqué toute participation aux affaires. Sans doute, depuis son retour de Paris, la science paraissait l'avoir éloigné de la presse, mais au fond il n'était étranger à aucun des incidents de la vie politique, et n'avait jamais renoncé à y jouer un rôle actif. Il se mêla en 1848 aux mouvements de l'opinion publique, avec un entrain, une verve et un sang froid que tous les enthousiates ou les effrayés de ce temps-là, n'eurent pas à un égal degré. Cette révolution faite avec les grands mots de liberté et de fraternité ne tint pas ses promesses. La République rêvée par quelques uns s'évanouit comme une ombre. La restauration des franchises nationales sous l'égide d'un principe traditionnel, qui s'offrait à notre confrère comme le meilleur moyen de sortir de l'impasse où le pays se trouvait acculé, s'évanouit elle aussi devant une solution autoritaire qui ne fit qu'ajourner ses espérances; car M. de Lapasse ne désespera jamais. Il ne pensait pas que la France eût cherché de 1789 à 1852, à travers huit révolutions, mille péripéties et mille épreuves, ce qu'elle acclamait à ce moment là.

Par caractère d'ailleurs, il inclinait vers la lutte. Abdiquer ou s'abstenir étaient pour lui synonymes, et l'émigration extérieure ou intérieure ne pouvait être à ses yeux, que la politique d'un moment déterminé. Ce fut en effet la sienne, tant que la France effrayée ne demanda qu'à être régie; le jour où elle désira être libre et où elle le témoigna hautement, on le trouva de nouveau sur la brèche. Son attitude sociale et ses rapports avec les hommes de toute nuance et de toute opinion, le mettaient à l'abri de cet exclusivisme radical qui parque les hommes dans un milieu où tout reflète leurs sentiments, et les isole dans leurs propres idées. Les sciences, l'agriculture, l'archéologie, le monde, tout ce qui le passionnait était autant de courants qui l'entraînaient sur le terrain commun et le mêlaient aux hommes quelles que fussent leurs tendances politiques.

Comment s'y serait-il trompé lui qui avait étudié si consciencieusement les problèmes et les conditions de la vie, et qui en connaissait à fond les réactions salutaires? Il appelait les choses par leur nom. Le sommeil prolongé était une léthargie, le défaut d'exercice était précurseur du marasme, et de là à l'atrophie de nos facultés et à la mort de nos idées il n'y a qu'un pas!

Ce programme d'hygiène politique confirmé par l'attitude nouvelle et chaque jour grandissante de ses adhérents, valait mieux, on le voit, que sa médecine culinaire. Le bon sens et la conscience y trouvaient de quoi se satisfaire, et sans se laisser troubler dans sa sérénité ou sa bienveillance, fort de sa loyauté, de son passé, de ses sacrifices et de son désintéressement, il marchait droit à son but à travers ses amis et ses adversaires, et prouvait à tous qu'il aimait la liberté en la donnant aux autres et en la prenant pour lui. Aussi comptait-il des attachements sincères dans tous les partis, et pouvait-il dire comme disait un jour un de nos confrères, auquel on reprochait ses rapports dans tous les camps et sa coquetterie envers ses adversaires : « Mon amitié n'a point de cocarde » (1).

Nul ne fut donc surpris lorsqu'il entra dans ce Conseil municipal toulousain qui, par la voie du suffrage universel, congédia en 1865 une administration devenue impopulaire. Porté par une réaction victorieuse dans une assemblée qui ne paraissait point née viable à cause des éléments disparates qu'elle renfermait, il en devint, grâce à l'urbanité de ses manières et à son aptitude au travail, un des hommes pratiquement utiles. Moins préoccupé de la pensée de confondre les édiles ses prédécesseurs et de récriminer inutilement contre leur gestion que de créer à ce nouveau Conseil des titres certains à la reconnaissance publique, M. de Lapasse, de concert avec plusieurs de ses collègues, exerça sur les partis extrêmes représentés dans cette assemblée une action toute conciliante. Toulousain de vieille roche, il prit au sérieux son rôle de capitoul. Il voulait la grandeur de la cité, son rajeunissement graduel, la conservation de ses

(1) Cte Jules de Rességuier.

vieux monuments, ses octrois modérés, son budget modeste et équilibré, et n'entendait jouir des merveilles que nous promettent les métamorphoses modernes qu'avec le temps, laissant à chaque génération le soin de faire et de payer, selon ses ressources, les embellissements qu'elle aurait décrétés. Homme candide et chimérique, en vérité! qui ne comprit pas son époque, et que le génie financier des Haussmann modernes n'avait point encore converti. Le problème qu'il cherchait à résoudre ne fut même pas mis à l'étude, et nous savons tous comment ce trop consciencieux magistrat fut un soir, sans autre forme de procès qu'une porte close, rendu, ainsi que ses collègues, à la pleine liberté de sa vie privée.

Ce fut alors, Messieurs, que vous appelâtes M de Lapasse à l'Académie, heureuse inspiration qui vint satisfaire une ambition longtemps contenue, et qui fit passer du 41e fauteuil au 40e un de vos candidats les plus fervents. On vous sut gré de venir par une élection unanime panser une blessure légère pour l'amour-propre de notre nouveau confrère, mais que l'opinion publique avait vivement ressentie. Son entrée à l'Académie des Jeux Floraux, qui précéda, hélas! de si peu le jour où il laissa sa place vacante, fut une véritable ovation, et elle fut aussi toute la carrière académique qu'il parcourut. Son remerciment emprunta aux circonstances un à propos personnel qui laissa loin derrière lui l'intérêt rétrospectif que pouvait avoir le fond même de la thèse qu'il développa à cette occasion. M. de Lapasse s'était toujours occupé de littérature. Ce n'est pas seulement comme un péché de jeunesse que l'on peut signaler chez lui le goût des vers; il pécha à tous les âges, et il rimait encore à une époque de la vie où d'ordinaire la verve languit et où l'imagination se calme. Parmi les champions du concours de 1865 se trouvait un poëte qui ne releva point sa visière, mais que nous reconnûmes sans peine. Le poëme intitulé : *L'Empereur et le Pêcheur* fut remarqué comme une œuvre élégante et facile. Son opuscule : *Les Rêveries d'un vieux Toulousain*, est resté dans la mémoire de tous ceux qui l'ont lu comme une page pleine de fantaisie et de lumière, où l'imagination prête des ailes aux pensées graves du philosophe et de l'archéologue.

L'*Eloge de M. le vicomte de Panat*, lu à la Société d'agriculture, se distinguait également par des touches fermes et délicates qui faisaient revivre dans tout son relief cette physionomie si accentuée. Enfin, dans tous les genres et sur tous les sujets, s'affirmaient les heureux dons de cette nature fertile. Rapports officiels, correspondances, revues agronomiques, articles de journaux, analyses savantes, feuilletons littéraires, tout semblait facile à cette plume souple et vigoureuse. Son style était celui d'un homme d'esprit rompu aux affaires ; abondant et clair, il traduisait mieux la pensée que M. de Lapasse ne l'exprimait lui-même en parlant. Sa phrase vive et délicate faisait pénétrer l'idée plus avant, et l'idée elle-même était nette, alors que le système était nuageux ; témoin son grand ouvrage médical, où les matières les plus arides sont traitées cependant avec une élégance de forme et une lucidité remarquable.

Nous voici arrivés, Messieurs, sur les hauts sommets de cette existence. L'âge est venu, et avec lui sont venus les sacrifices et la douleur. La vie de l'homme est ainsi faite que ceux qui meurent jeunes doivent se résigner à quitter, ceux qui deviennent vieux doivent se résigner à survivre. Déjà, M. de Lapasse avait été frappé d'une manière inattendue par la mort de sa fille, enlevée en pleine jeunesse. Il avait eu cette douleur exceptionnelle de voir l'ordre de la nature renversé et de pleurer celle qui aurait été jusqu'à la fin le soutien et la consolation de sa vieillesse. Maintenant, c'était sa mère qu'il allait perdre, cette mère presque centenaire qu'il avait fait vivre par un merveilleux concours de tendresse et de soins. Elle aussi semblait donner raison, comme son mari l'avait fait avant elle, aux calculs et aux élixirs de son fils.

En se séparant de cette première et dernière compagne de son existence, M. de Lapasse perdit à la fois celle vers laquelle se dirigeait le rayonnement de son cœur et une partie notable de sa position extérieure. Devant cette double épreuve, il ne faiblit pas. On le vit au contraire redoubler d'activité, recourir avidement au travail, à quelques voyages, à ses amis; mais de tout cela et des agitations morales qui en furent la conséquence, il reçut une atteinte profonde et fut physiquement ébranlé. Cette période de sa vie fut pleine de chagrins et de tribulations.

Comment, à cette heure dernière, M. de Lapasse se trouvait-il aux prises avec des difficultés de cette nature? pourquoi avait-il dû renoncer à ces habitudes hospitalières et bienfaisantes qui l'une et l'autre lui étaient si chères? Nous l'ignorons; mais ce que nous pouvons dire, c'est que nous l'avons vu, et qu'il était triste de rencontrer à son déclin, courbé plus que l'âge et la douleur ne l'eussent voulu, un homme de bien qui souffrait avec dignité; c'est que cette épreuve ainsi acceptée a jeté sur ses derniers jours une teinte mélancoliqne qui grandit sa figure.

Ce fut à la suite de traverses de cette nature qu'il était allé l'an dernier chez M. de Montesquiou, son cousin, se reposer au milieu d'une famille dévouée, de ses chagrins et de ses travaux, et c'est là qu'en peu de jours, une maladie cruelle survint et qu'il est mort, en homme de cœur et en chrétien, avec courage et avec foi.

Telle fut, Messieurs, la vie de cet homme excellent. Par la trame, cette vie ressemble à bien des vies écoulées dans ce siècle ou en train de finir. Elle fut en effet brisée par la moitié, et le développement complet qu'eût donné à ce caractère et à cette activité une carrière uniquement poursuivie, manque à notre conclusion. Qui peut dire l'avenir réservé à M. de Lapasse si la Révolution de 1830 ne fût pas survenue? Avec les facultés éminentes que nous lui avons connues, avec son goût pour le travail, avec ses nobles et grandes manières, nul doute qu'il n'eût occupé les plus hauts emplois de notre diplomatie contemporaine. Ne le plaignons pas trop cependant. Le renom qu'il eût ainsi conquis n'eût peut-être pas servi sa gloire. Si sa biographie ne fournit pas un grand ambassadeur de plus, elle nous offre, en revanche, un noble caractère, le travail volontaire substitué au travail lucratif des grandes charges, et par conséquent un exemple à citer. Assez d'hommes de notre temps ont ou stérilement effeuillé leur existence, ou adroitement concilié ce qu'ils croyaient devoir à leur intérêt et à leur conscience, pour que nous n'éprouvions pas un sentiment de respect et une émotion salutaire devant ces natures entières qui voulurent vivre et mourir fidèles à une invariable conviction, et qui préférèrent à des honneurs faciles à conquérir l'honneur difficile à garder.

Cette diplomatie à laquelle il appartenait nous semble surtout peu regrettable. Les négociateurs qui ont taillé leur plume pour parapher maints traités et maintes conventions célèbres n'ont pas dû trouver dans l'inexécution des uns ou dans l'exécution des autres le sujet de méditations trop consolantes ou trop patriotiques, et tout bien compté, j'aime mieux les rêves peu dangereux et les réalités bienfaisantes de M. de Lapasse. Son doctorat du moins ne fut qu'une usurpation inoffensive ; il pouvait légitimer son grand chapeau plus facilement que tel souverain ne peut légitimer sa couronne, et son élixir n'a ruiné aucun de ceux qui ont cru à ses programmes. Qui sait d'ailleurs si ce tour original et personnel qui l'individualisa d'une manière si franche se fût ainsi développé dans un milieu où les exigences sociales et où l'étiquette gourmée du monde officiel eût tenu en bride ses instincts caractéristiques. Il est probable, dans tous les cas, qu'il eût vécu loin de nous, que Toulouse ne l'eût possédé qu'à de rares intervalles, et que l'Académie des Jeux Floraux n'eût jamais eu l'occasion de rendre à sa mémoire l'hommage qu'elle lui rend aujourd'hui, comme à un de ses membres les plus excellents et les plus dignes d'être regrettés, comme à un des meilleurs citoyens de la ville de Toulouse.

Monsieur (1), j'ai essayé d'exprimer dans la mesure de mes forces les regrets et les sentiments de l'Académie en présence d'une perte qui serait sans compensation si nous n'étions certains de retrouver en vous une partie des qualités qui distinguaient votre prédécesseur. Il m'est interdit sans doute d'empiéter sur les droits de notre Président, et de cumuler à la fois le rôle de panégyriste et celui de modérateur. Toute-

(1) M. Jules Buisson, nommé Mainteneur à la place laissée vacante par la mort de M. de Lapasse.

fois l'assemblée qui nous entoure et qui, dans un instant, va vous applaudir, me permettra de ne vous souhaiter cette bienvenue fraternelle que je suis heureux d'être le premier à vous offrir, et de vous dire que la mesure de l'estime que nous faisons tous ici de votre esprit et de votre caractère ressort incontestablement du vide que vous êtes appelé à combler.

Toulouse, Impr. Douladoure; Rouget frères et Delahaut, succ^{rs}.

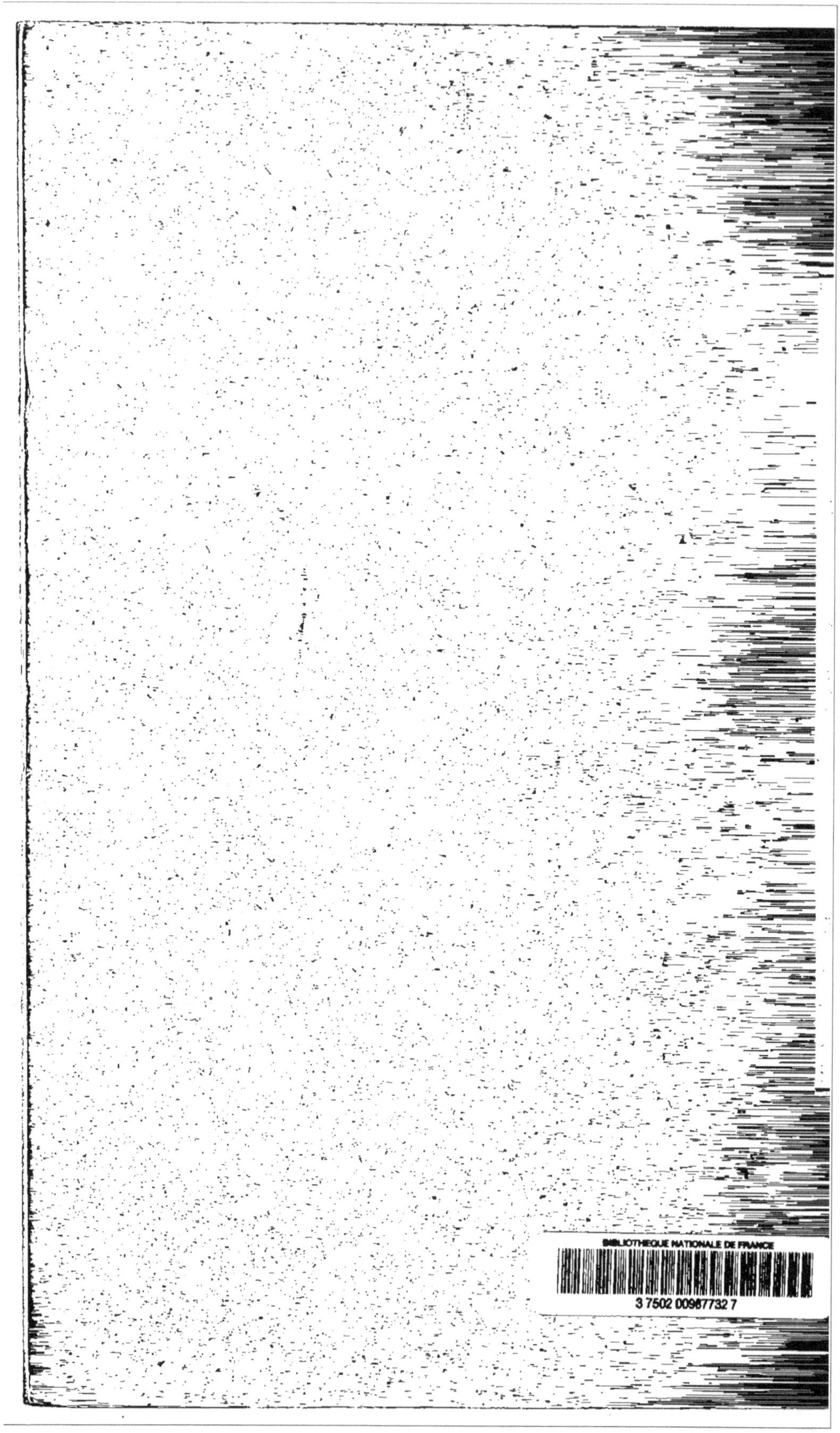

www.ingramcontent.com/pod-product-compliance
Lightning Source LLC
LaVergne TN
LVHW020253230826
846091LV00006B/2391

* 9 7 8 2 0 1 3 3 8 0 6 6 9 *